D1037148

Enciclopedia del mundo para niños

¡EL CUERPO HUMANO!

PANAMERICANA
E D I T O R I A L
Colombia • México • Perú

Enciclopedia del mundo para niños. ¡El cuerpo humano!. - Editor
Javier R. Mahecha López. -- Bogotá : Panamericana Editorial, 2016.

48 páginas : fotos, láminas ; 21 cm.
ISBN 978-958-30-5039-8

1. Enciclopedias y diccionarios para niños 2. Cuerpo humano -
Enseñanza primaria I. Mahecha López, Javier R. editor II. Tít.
I036 cd 21 ed.
A1501311

CEP-Banco de la República-Biblioteca Luis Ángel Arango

Primera edición en Panamericana Editorial Ltda.,
febrero de 2016
© 2015 Luis Fernando Pérez
© Panamericana Editorial Ltda.
Calle 12 No. 34-30, Tel.: (57 1) 3649000
Fax: (57 1) 2373805
www.panamericanaeditorial.com
Tienda virtual: www.panamericana.com.co
Bogotá D. C., Colombia

Editor
Panamericana Editorial Ltda.
Dirección del proyecto
Luis Fernando Pérez
Diseño
Mercedes Beltrán Delgado
Asesoría
Eva González
Licenciada en Biología
Revisión técnica y adecuación de textos
Mauricio Gómez
Licenciado en Biología
Especialista en Pedagogía de la Comunicación
y Medios Interactivos
Fotos
Shutterstock y Fotolia
Diseño carátula
Martha Cadena

ISBN 978-958-30-5039-8

Impreso por Panamericana Formas e Impresos S. A.
Calle 65 No. 95-28, Tels.: (57 1) 4302110 - 4300355
Fax: (57 1) 2763008
Bogotá D. C., Colombia
Quien solo actúa como impresor.
Impreso en Colombia - *Printed in Colombia*

¡EL CUERPO HUMANO!

¡Descubramos
NUESTRO
CUERPO!

PARTES DEL CUERPO Y SISTEMAS

¿Cuáles son las principales partes del cuerpo? Las principales partes son: la cabeza que está en la parte superior, el tronco que es tu pecho y abdomen, y las extremidades que son tus brazos y tus piernas.

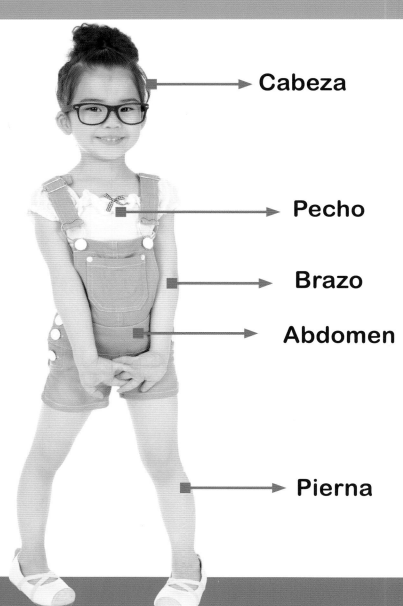

Cabeza

Pecho

Brazo

Abdomen

Pierna

EL CUERPO HUMANO POR DENTRO
Todos somos diferentes, algunos son altos, otros bajitos. La apariencia depende de la edad, el sexo y hasta la familia, pero bajo la piel nuestros organismos funcionan igual.

¿SABÍAS QUE...?
Los sistemas del cuerpo trabajan conjuntamente. Sin esta coordinación el organismo no funcionaría.

Nuestro cuerpo se compone de varios sistemas y todos son maravillosos, con ellos vamos a recorrer ¡EL CUERPO HUMANO!

EL CUERPO HUMANO

¿De qué estamos formados? Al igual que otros seres vivos, nuestro cuerpo está conformado por pequeñas unidades vivas que se llaman células. ¡Tenemos muchísimas de ellas, más o menos 50 billones!

Las células son capaces de actuar de manera autónoma y conforman los tejidos, órganos y sistemas.

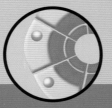

El núcleo es la parte esencial de la célula y posee el "libro de instrucciones" que la gobierna.

TIPOS DE CÉLULAS

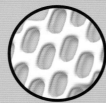

Cartílago y huesos

De los vasos sanguíneos

Sanguíneas

Musculares

Nerviosas

¿SABÍAS QUE...?
Hay células de formas y tipos distintos, de acuerdo con la función que realizan. Todas tienen membrana, citoplasma y núcleo.

DATO CURIOSO...
Dentro del cuerpo siempre hay calor, su temperatura es 37 °C.

EL SISTEMA ESQUELÉTICO

¿Cómo nos sostenemos? Los 206 huesos que tenemos forman nuestro esqueleto que es el que le da forma y soporte a nuestro organismo.

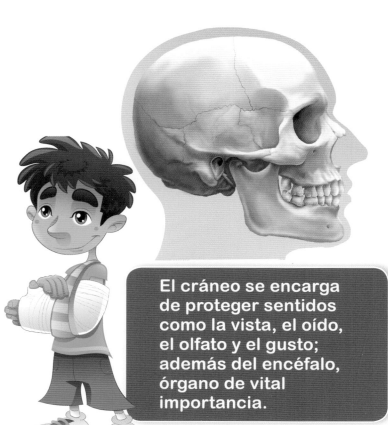

El cráneo se encarga de proteger sentidos como la vista, el oído, el olfato y el gusto; además del encéfalo, órgano de vital importancia.

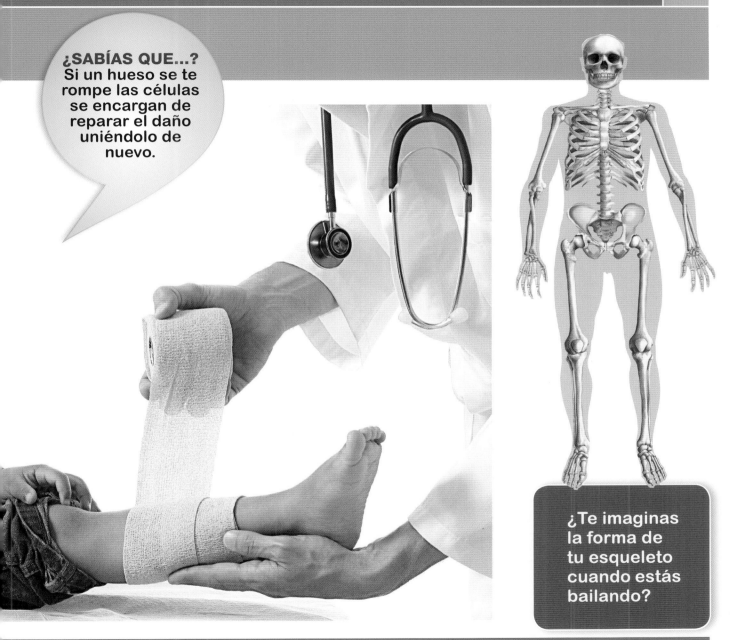

¿SABÍAS QUE...? Si un hueso se te rompe las células se encargan de reparar el daño uniéndolo de nuevo.

¿Te imaginas la forma de tu esqueleto cuando estás bailando?

HUESOS

La parte exterior de tus huesos se llama hueso compacto, la sustancia gelatinosa del interior se llama médula ósea y lo que la recubre se llama hueso esponjoso.

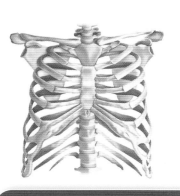

El tórax es una caja que protege importantes órganos internos y ayuda con la respiración. Lo forman la columna, el esternón y las costillas.

DATO CURIOSO... Tenemos la misma cantidad de huesos en el cuello que una jirafa.

Los huesos están formados por tejido óseo, que es la agrupación de células vivas. Por eso son tan duros y resistentes.

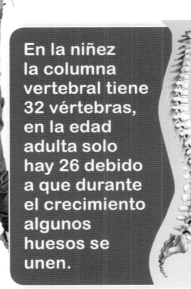

En la niñez la columna vertebral tiene 32 vértebras, en la edad adulta solo hay 26 debido a que durante el crecimiento algunos huesos se unen.

HUESOS Y ARTICULACIONES

¿Cómo encajan los huesos entre sí? Los huesos están unidos entre sí por las articulaciones. Gracias a ellas los huesos pueden moverse en varias direcciones.

La articulación del hombro es de bola o esférica, permite realizar movimientos más libres y en más direcciones que la de bisagra.

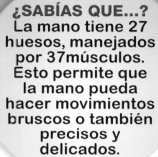

¿SABÍAS QUE...? La mano tiene 27 huesos, manejados por 37músculos. Esto permite que la mano pueda hacer movimientos bruscos o también precisos y delicados.

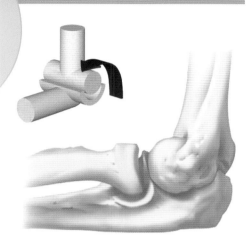

Toca tu codo mientras mueves el brazo, ahora toca tu hombro ¿sientes la diferencia de los movimientos?

La articulación del codo es de bisagra y permite movimientos en un único plano.

ARTICULACIONES

Las articulaciones se mueven de diferentes formas, sin ellas seríamos tan rígidos como las estatuas.

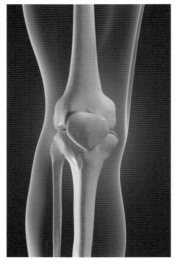

La rótula, un hueso corto y aplanado, forma una articulación plana con el fémur.

Los cartílagos protegen las terminaciones de los huesos para que no se rocen los unos con los otros.

El pie humano y el tobillo son una fuerte y compleja estructura mecánica que contiene 26 huesos y 33 articulaciones.

El peroné, uno de los huesos de la pierna, posee una articulación de pivote.

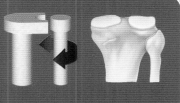

EL SISTEMA MUSCULAR

¿Qué hace que nos movamos? En nuestro cuerpo tenemos más de 600 músculos que se encargan de realizar los movimientos. Para que los músculos funcionen necesitan sangre y oxígeno.

Todo el cuerpo humano está cubierto por varias capas de músculo. El tamaño y la forma de un músculo dependen de su función.

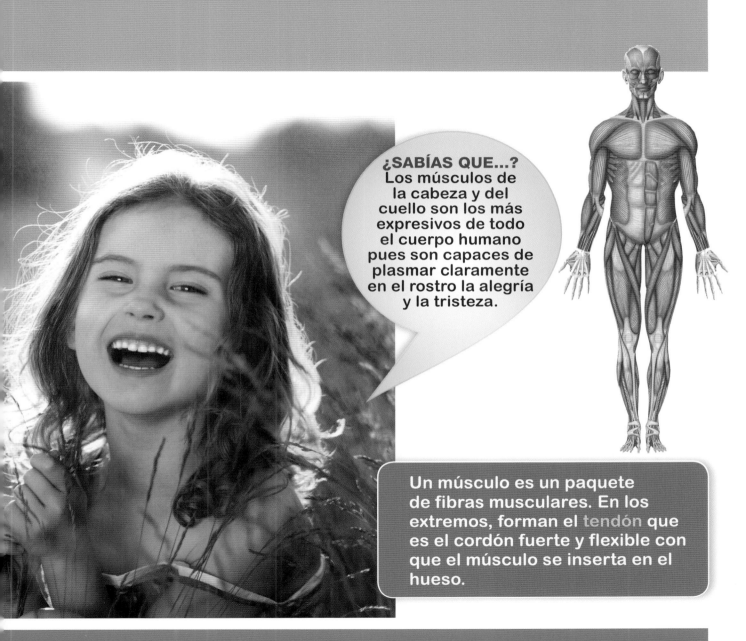

¿SABÍAS QUE...?
Los músculos de la cabeza y del cuello son los más expresivos de todo el cuerpo humano pues son capaces de plasmar claramente en el rostro la alegría y la tristeza.

Un músculo es un paquete de fibras musculares. En los extremos, forman el tendón que es el cordón fuerte y flexible con que el músculo se inserta en el hueso.

LOS MÚSCULOS

Cuanto más ejercicios hagas, más estarás en forma. Debes aumentar la cantidad de ejercicio para tener músculos más fuertes y con mayor resistencia.

Antes de cualquier ejercicio tienes que calentar los músculos. Puedes calentar caminando o trotando.

¿Cómo funcionan los músculos? Cuando un músculo se tensa, se acorta, se hace más grueso y tira de aquello a lo que está unido.

¿SABÍAS QUE...? Casi la mitad del peso de nuestro cuerpo corresponde a los músculos.

DATO CURIOSO... La habilidad de mover los ojos muy rápido la proporcionan seis músculos que conectan cada ojo con su órbita.

EL SISTEMA DIGESTIVO

Los dientes y la saliva descomponen la comida en la boca; una vez tragada, la comida pasa por la faringe y el esófago.

Después del esófago la comida llega al estómago donde se mezcla con químicos para convertirla en una masa nutritiva.

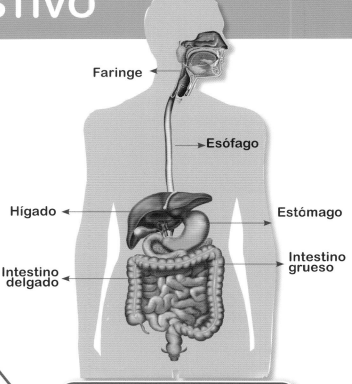

Faringe

Esófago

Hígado

Estómago

Intestino delgado

Intestino grueso

Le mezcla sale del estómago, pasa por el intestino delgado y el hígado antes de llegar a la sangre. Los sobrantes sólidos viajan por el intestino grueso.

¿SABÍAS QUE...? La comida recorre 6.5 metros dentro de nuestro organismo y tarda unos dos días en hacerlo.

LA DIGESTIÓN

El hígado, con su vesícula biliar, junto con el páncreas, es la glándula digestiva más importante. El hígado ejecuta más de quinientas funciones distintas. El páncreas controla el azúcar en la sangre.

Hígado

Vesícula biliar

Páncreas

El hígado limpia el organismo, almacena energía, crea vitaminas y urea, y produce la bilis que se almacena en la vesícula biliar.

El páncreas es una glándula que produce una sustancia llamada insulina, esta controla la cantidad de azúcar en la sangre.

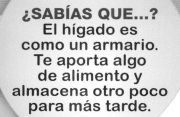

¿SABÍAS QUE...?
El hígado es
como un armario.
Te aporta algo
de alimento y
almacena otro poco
para más tarde.

Los alimentos
sanos, llenos de
nutrientes, te
ayudarán a mejorar
el funcionamiento
de tu sistema
digestivo.

EL SISTEMA RESPIRATORIO

Las vías respiratorias y los pulmones forman el sistema respiratorio, que es el encargado de la respiración en nuestro cuerpo.

El interior de la tráquea está cubierto de una mucosa que ayuda a mantener limpias estas vías.

El aire es inhalado por la nariz y pasa por la laringe, la tráquea y los bronquios antes de ingresar a los pulmones.

O_2

CO_2

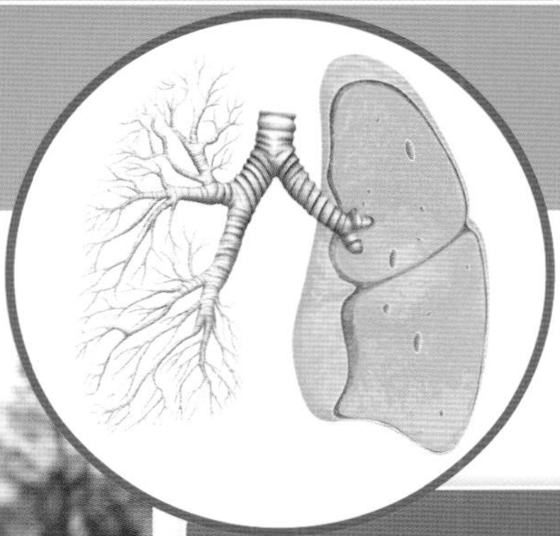

En el interior de los pulmones se realiza el intercambio de gases, que es el propósito final del sistema respiratorio.

DATO CURIOSO...
Al estornudar estás eliminando todo lo que el cuerpo no quiere respirar.

LA RESPIRACIÓN

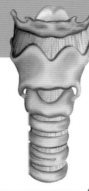
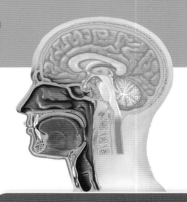

La respiración es un acto involuntario y automático, pues no es posible dejar de respirar durante mucho tiempo.

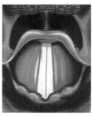

La laringe usa el aire inspirado para la producción de sonidos. En este proceso el aire pasa a través de las cuerdas vocales haciéndolas vibrar y por eso podemos hablar.

¿SABÍAS QUE...? La tos es un acto reflejo ante la necesidad de expulsar partículas irritantes de las vías respiratorias.

La inspiración y espiración del aire están a cargo de un potente y eficaz "motor muscular" que pone a prueba el trabajo del diafragma y de los músculos intercostales.

Diafragma

EL SISTEMA CIRCULATORIO

El corazón, vasos sanguíneos y sangre forman el sistema circulatorio, encargado de transportar el oxígeno y las sustancias nutritivas a todas las células de organismo.

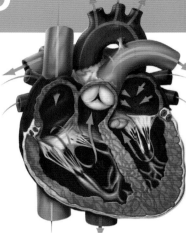

La sangre circula por los vasos sanguíneos, que son las arterias, los capilares y las venas.

El corazón es una bomba muscular que impulsa la sangre por todo el organismo. Como se contrae unas 70 veces por minuto, late más de 100 000 veces al día.

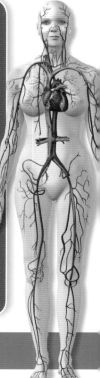

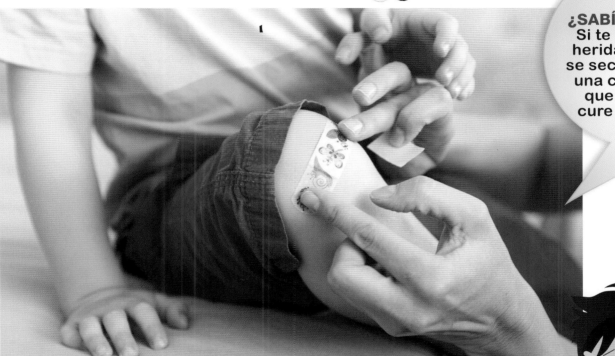

¿SABÍAS QUE...?
Si te haces una herida la sangre se seca formando una costra para que la piel se cure debajo de ella.

La sangre es un tejido líquido, formado por el plasma y tres tipos de células: los glóbulos rojos, los glóbulos blancos y las plaquetas. Su función es nutrir y proporcionar oxígeno a las células.

EL SISTEMA ENDOCRINO

El sistema endocrino es el conjunto de órganos y glándulas que producen hormonas que son liberadas a la sangre y regulan las funciones del cuerpo.

Una de las glándulas más importantes es la tiroides, situada en el cuello. Esta glándula produce proteínas que ayudan a regular el funcionamiento de otras hormonas.

La hipófisis es la principal glándula endocrina.

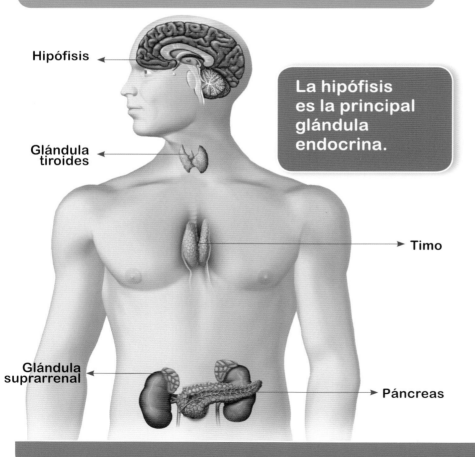

Hipófisis

Glándula tiroides

Timo

Glándula suprarrenal

Páncreas

Las hormonas son sustancias producidas por las glándulas endocrinas que funcionan como mensajeros químicos.

¿SABÍAS QUE...?
Tenemos ocho glándulas endocrinas y algunas son: la hipófisis, la tiroides, el timo, las suprarrenales y el páncreas.

DATO CURIOSO...
Órganos como los riñones, el hígado y los pulmones también liberan hormonas.

EL SISTEMA URINARIO

En nuestro cuerpo el sistema urinario es el encargado de filtrar y limpiar la sangre, sacando los residuos en forma de orina.

¿SABÍAS QUE...? Los riñones están situados en la base de la espalda, a cada lado de la columna vertebral.

El sistema urinario lo forman los riñones y las vías urinarias.

Antes de ser eliminada, la orina es almacenada temporalmente en la vejiga que actúa como una bolsa elástica, cuando se llena es como una esfera y cuando está vacía se aplana.

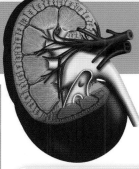

Tenemos dos riñones en nuestro organismo pero podríamos subsistir con solo uno de ellos.

DATO CURIOSO... Las especialidades médicas que se encargan de los riñones son la Urología y la Nefrología.

EL SISTEMA NERVIOSO

El sistema nervioso esta formado por el encéfalo, la médula espinal y los nervios; este conjunto de órganos coordina todas las funciones vitales.

¿SABÍAS QUE...? Aprendemos cosas nuevas y las recordamos gracias al cerebro.

El encéfalo está formado principalmente por el cerebro, el cerebelo y el bulbo raquídeo.

El cerebro es un órgano muy importante pues es el centro de control de todo el cuerpo. Cada parte del cerebro cumple una función especial.

El cerebro adulto pesa 1200 gramos y contiene aproximadamente 12 000 millones de células nerviosas o neuronas, donde cada una cumple una multitud de tareas.

DATO CURIOSO... Las señales se proyectan entre el cerebro y los nervios a velocidades mayores de 400 km/h.

CEREBRO Y NERVIOS

Los nervios son las vías que conectan el cerebro con el exterior y con todas las partes del cuerpo humano. La transmisión es casi instantánea.

El cerebro se conecta al resto del cuerpo por la médula espinal, un largo conjunto de nervios en la columna.

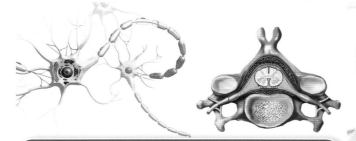

Las neuronas son las células del sistema nervioso, tienen forma parecida a una estrella y transmiten impulsos nerviosos.

El sistema nervioso central es el centro de mando y control de la información. Formado por más de 100 000 millones de neuronas está compuesto por el encéfalo y la médula espinal.

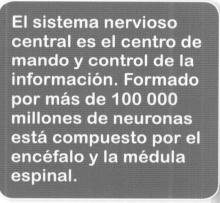

¿SABÍAS QUE...? Los nervios son como cables eléctricos, por ellos viajan minicorrientes eléctricas, que llegan a todas partes del cuerpo, produciendo sensaciones o respuestas como el movimiento.

VER Y OÍR

Los sentidos nos dicen lo que pasa a nuestro alrededor.
Hay cinco sentidos: vista, oído, olfato, gusto y tacto.

¿Cómo vemos? Los ojos recogen la luz que se refleja en lo que miramos y mandan el mensaje al cerebro para que nos diga lo que vemos.

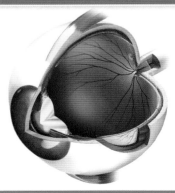

¿SABÍAS QUE...?
Podemos sentir la diferencia entre más de 15 000 tonos distintos de sonido.

El oído nos permite escuchar. Está compuesto por tres partes: el oído externo, el oído medio y el oído interno.

OLER, SENTIR Y GUSTAR

Los sentidos trabajan en equipo para decirte cosas. Cuando sientes un olor desagradable en la comida y percibes algo raro en el sabor, tu cuerpo te dice: ¡no lo comas!

El sentido del olfato se ubica en la capa interna de la nariz.

En la capa interna, las células olfativas captan sustancias químicas en el aire, que llevan hasta el bulbo olfatorio del cerebro, para que después sean interpretadas como olores.

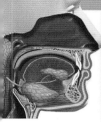

La lengua es el órgano principal del gusto, en ella existen numerosas papilas gustativas que captan las sustancias químicas de los alimentos, que el cerebro interpreta como sabores.

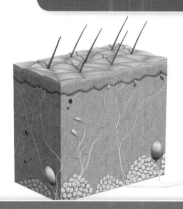

La piel es el órgano principal del tacto, en ella se encuentran muchas células nerviosas que se encargan de captar señales que el cerebro interpreta como frío, calor, dolor, etc.

DATO CURIOSO...
La lengua tiene más de 100 000 papilas gustativas en la superficie.

ALIMENTACIÓN SALUDABLE

Hay muchas formas de mejorar nuestra alimentación y con ello nuestra salud. Ten en cuenta estas recomendaciones.

¿SABÍAS QUE...?
El desayuno es el alimento más importante del día, sin él tu organismo debe hacer muchos trucos para que estés con energía.

Come frutas y verduras, te ayudarán a estar fuerte y sano.

Toma agua, ella ayuda al paso de los alimentos y refresca todo el cuerpo.

Comer delante de una pantalla de videojuego o un computador puede aumentar nuestro apetito a lo largo del día, fomentando así el sobrepeso.

GLOSARIO

Articulación: Es la unión de un cartílago con un hueso o entre huesos.

Bilis: Sustancia segregada por el hígado, encargada de que las grasas ingeridas en los alimentos se puedan digerir.

Bronquios: En los que se divide la tráquea para entrar a ambos pulmones.

Cartílago: Tejido con características flexibles que permite mover las articulaciones.

Células: Unidades microscópicas fundamentales de los seres vivos.

Cerebelo: La parte más posterior del encéfalo, coordina los movimientos para caminar, saltar y correr.

Citoplasma: Región de la célula entre el núcleo y la membrana.

Costillas: Huesos que nacen de la columna vertebral y van hacia el pecho; falsas: que no están apoyadas en el esternón; verdaderas: que están apoyadas en el esternón.

Diafragma: Músculo que gracias a su movimiento cumple un papel importante en la respiración.

Dióxido de carbono (CO$_2$): Gas expulsado en el proceso de respiración.

Encéfalo: La masa nerviosa dentro del cráneo: cerebro, cerebelo y bulbo raquídeo, envueltos por las meninges.

Glándula: Órganos de los seres vivos que producen sustancias necesarias para el organismo.

Glóbulos rojos: Célula roja y en forma de globo que hace parte de la sangre.

Insulina: Hormona producida por el páncreas, regula la cantidad de azúcar en la sangre.

Leucocito (glóbulo blanco): Célula que defiende el cuerpo.

GLOSARIO

Membrana: Tejido o grupo de tejidos que tienen forma de lámina y son blandos.

Mucosa: Capa externa de los órganos que cumple funciones protectoras.

Neuronas: Es el nombre que se le da a la célula nerviosa.

Nefrología: Parte de la medicina que estudia el riñón.

Núcleo: Parte de la célula que se encarga del control de las actividades celulares.

Organismo: Conjunto de los órganos que constituyen un ser vivo.

Oxígeno (O_2): Gas muy importante para la vida.

Papilas gustativas: Los receptores que están sobre la lengua y detectan los sabores.

Plasma: Parte líquida de la sangre que contiene a los otros componentes.

Plaquetas: Son pequeñas células que circulan en la sangre; participan en la cicatrización y en la reparación de vasos sanguíneos dañados.

Proteína: Sustancia fundamental en el funcionamiento de la materia viva.

Tendón: Son los tejidos que unen los músculos a los huesos.

Urea: Sustancia excretada en la orina.

Urología: Parte de la medicina que estudia el sistema urinario.

Las definiciones presentadas en este glosario se basaron en las siguientes referencias:

MedlinePlus. (2015). Información de salud para usted. Disponible en la página web del NIH (Instituto Nacional de Salud de los Estados Unidos) desde http://www.nlm.nih.gov/medlineplus/spanish/
Sadava, D., Heller, H.C., Orians, G.H.,
Purves, W.K. & Hillis, D.M. (2008). LIFE: The science of biology. 8va Edición. USA: Sinauer Associates Inc. & W. H. Freeman and Company.
Rae.es. (2015). Diccionario en línea de la Real Academia Española.

BIBLIOGRAFÍA

- AUDESIRK, Gerald y AUDESIRK, Teresa. *La vida en la tierra.* Prentice Hall Hispanoamérica S.A., México, 2010.

- CURTIS. Helena y BARNES, N Sue. *Biología.* Médica Panamericana, Buenos Aires 2011.

- GREEN, Dan. *La fábrica del cuerpo humano.* Panamericana Editorial, Bogotá, 2012.

- MACMILLan CHILDREN'S BOOK. *Hora de preguntar. Cuerpo humano.* Panamericana Editorial, Bogotá, 2013.

- ROYSTON, Angela. *Mi cuerpo.* Panamericana Editorial, Bogotá, 2014.

- http://kidshealth.org/kid/en_espanol/
- http://www.profesorenlinea.
- http://escuela.med.puc.cl/paginas/cursos/segundo/histologia/histologiaweb
- http://www.saberespractico.com
- http://www.ikonet.com/es/diccionariovisual